ციფრების ამბავი

THE NUMBER STORY

SMALL BOOK ONE

ENGLISH – GEORGIAN

Numbers Teach Children
Their Number Names

written and illustrated by

MISS ANNA

Early Reader Edition of *The Number Story 1*
Bronze Medal Winner, 2016 Wishing Shelf Book Award

Cover by | Lumpy Publishing
Layout by | Lumpy Publishing
Translated by David L.
Coloring by Jieeun Woo and Maria Mirabella

Library of Congress Control Number: 2018902040

Names: Miss Anna, author.
Title: Number story : numbers teach children their number names / Miss Anna.
Description: Portland, OR: Lumpy Publishing, 2018.
Identifiers: ISBN 978-1-945977-66-4 | LCCN 2018902040
Summary: The pictures and rhymes present stories which introduce numbers 0-10.
Subjects: LCSH Numeration—English--Georgian--Pictorial works--Juvenile literature. | BISAC JUVENILE NONFICTION /
Languages: English--Georgian
Classification: LCC QA141.3 .M57 2018 | DDC 513—dc23

Publisher: Lumpy Publishing
Website: www.missannabooks.com
Email: missanna@missannabooks.com

Paperback: ISBN 978-1-945977-66-4
Printed in the U.S.A.   1 3 5 7 9 10 8 6 4 2

გსურთ გაიგოთ ჩვენი ნომრების სახელები?

It is very easy and a lot of fun!

ეს ძალიან ადვილია და თქვენ ბევრი გართობა გელით!

Say-along our little jingle starting from Number One!

იმღერეთ ჩვენთან ერთად!

მოდით დავიწყოთ
პირველი ნომრიდან!

1

ONE   looks like my one finger.

ა ერთი

ის ჩემი თითის მსგავსია.

ONE!
ერთი!

2

TWO trails a tail.

ბ ორი

მას აქვს კუდი.

A TAIL! ಕ್ಯುಡಂ!

3

გ ☆ სამი

ის გორაკს გავს.

გორები!
შეხედეთ მწვანე გორებს!

4

 carries a sail.

ოთხი 

მას იალექანი აქვს!

4
A SAIL!
იალქანი!

5

FIVE   is a racing track.

ე ☆ ხუთი

ეს არის ავტოდრომი.

VROOM
Brrrrrr!

6

 curves like a snail.

3 ★ ექვსი

ეს არის ლოკოკინა.

A SNAIL!   ლოკოკინა!

7

OUCH!
3JO!

8

EIGHT   is rollercoaster rails.

წ★ვა

ეს არის ატრაქციონის
რელსები★

Ззззззss!
YIPPEE!

NINE   is a bubble on a stick.

თ ცხრა

არის ბუშტი ჯოხზე.

A BUBBLE! ბუშტი!

10

TEN   is an eye of a whale.

ი ათი

ეს არის ვეშაპის
ერთი თვალი.

ჩაპაჭუნება!
WINK!
HELLO! სალამი!

And **0**

და

ZERO is an empty pail.

ნული

ეს არის ცარიელი ვედრათა.

IT"S
EMPTY!
ცარიელია!

Thank you for playing with us today.

We had a lot of fun too!

გმადლოობთ, რომ დღეს
ჩვენთან ერთად ითამაშეთ.
ძალიან ბევრი ვიხალისეთ!

We are your Number friends,
Zero to Ten,
Who will be here for you~

ჩვენ ვართ შენი მეგობარი ციფრები
ნულიდან ათამდე.
შენ ყოველთვის გვიპოვი ჩვენ აქ~

Bye-bye now!
See you again soon!

აბა კარგად იყავით!
მალე ისევ გიხილავთ!

The Numbers are *SINGING* too!

To sing-a-long, look for Miss Anna Number Story
at your favorite music store like iTUNES.

MP3

Numbers 0-10
IDENTIFYING
& COUNTING

Numbers 11-20
& Ordinals
first, second, third...

Numbers 0-100
& Place Values
ones, tens, hundreds...

About Clocks
& Telling Time
hours, minutes, seconds

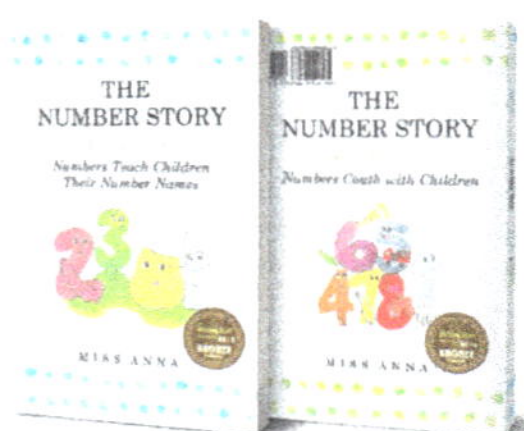

Number Story 1 & 2
isbn: 978-0-996216-48-7

Number Story 3 & 4
isbn: 978-1-945977-01-5

Number Story 5 & 6
isbn: 978-1-945977-06-0

Number Story 7 & 8
isbn: 978-1-949320-40-4

For more Miss Anna books to love,
visit us at

www.missannabooks.com

Numbers are working hard all over the world!
Come Travel the World with Us!